BEI GRIN MACHT SICH IHR WISSEN BEZAHLT

- Wir veröffentlichen Ihre Hausarbeit,
  Bachelor- und Masterarbeit

- Ihr eigenes eBook und Buch -
  weltweit in allen wichtigen Shops

- Verdienen Sie an jedem Verkauf

Jetzt bei www.GRIN.com hochladen
und kostenlos publizieren

Thomas Lippke

Studieren neben dem Beruf

Erfolgreich studieren nach dem Riedlinger Modell

GRIN Verlag

Bibliografische Information der Deutschen Nationalbibliothek:

Die Deutsche Bibliothek verzeichnet diese Publikation in der Deutschen National-
bibliografie; detaillierte bibliografische Daten sind im Internet über http://dnb.d-
nb.de/ abrufbar.

Impressum:

Copyright © 2010 GRIN Verlag GmbH
Druck und Bindung: Books on Demand GmbH, Norderstedt Germany
ISBN: 978-3-656-42119-1

Dieses Buch bei GRIN:

http://www.grin.com/de/e-book/213662/studieren-neben-dem-beruf

GRIN - Your knowledge has value

Der GRIN Verlag publiziert seit 1998 wissenschaftliche Arbeiten von Studenten, Hochschullehrern und anderen Akademikern als eBook und gedrucktes Buch. Die Verlagswebsite www.grin.com ist die ideale Plattform zur Veröffentlichung von Hausarbeiten, Abschlussarbeiten, wissenschaftlichen Aufsätzen, Dissertationen und Fachbüchern.

Besuchen Sie uns im Internet:

http://www.grin.com/

http://www.facebook.com/grincom

http://www.twitter.com/grin_com

Bericht zur Präsentation
„Studieren neben dem Beruf"

SRH Hochschule Riedlingen

Kreativitäts- und Präsentationstechniken
Betriebswirtschaftslehre – Retail & Distribution

von
Thomas Lippke

Inhaltsverzeichnis

1. Inhalte und Abfolge dieser Präsentation

Die Präsentation „Studieren neben dem Beruf - Erfolgreich studieren nach dem Riedlinger Modell" beginnt mit einer Gegenüberstellung der Vor- und Nachteile eines Fernstudiums an der Fernfachhochschule Riedlingen. Es folgt eine Darstellung der persönlichkeits- und umfeldbezogenen Erfolgsfaktoren, welche ein Fernstudent erfüllen bzw. mitbringen sollte.

Damit sind zunächst die äußeren Rahmenbedingungen abgesteckt und es wird auf die eigentliche Themenstellung - Die Bewältigung eines Fernstudiums - hingeführt. Dazu widme ich mich einführend den geläufigsten Fragen, Sorgen und Ängsten, welche bei Fernstudenten und insbesondere bei den Erstsemestern auftauchen.

Die folgenden 3 Themenbereiche spiegeln die wesentlichen Elemente des Fernstudiums wieder. Innerhalb der Folien gehe ich dabei auf grundlegende Ratschläge und Erfolgsfaktoren zu den Bereichen des allgemeinen Lernens, der Präsenzphasen und der Klausuren ein.

Der vorletzte Themenblock behandelt die Bewältigung des Studiums und die Stressbewältigung. Die Präsentation schließt mit dem Hinweis auf größere Störungen und Schwierigkeiten innerhalb des Studienverlaufs und wie ein Fernstudent diesen begegnen sollte.

2. Kernbotschaften dieser Präsentation

Zur erfolgreichen Bewältigung eines Fernstudiums werden häufig Durchhaltevermögen, Disziplin o.Ä. als entscheidende Faktoren genannt. Zwar führe auch ich diese als grundlegende Aspekte an, jedoch sind diese tatsächlich nur als Basis zu verstehen. Die reine Fokussierung auf solch „harte" Faktoren, führt meiner Ansicht nach zu stoischem Lernverhalten, was letztlich in Frustration, Ziellosigkeit oder im schlimmsten Fall im Studienabbruch mündet. Dies ist durch den Einsatz verschiedener „weicher" Faktoren zu vermeiden. Als solche zählen in meiner Auffassung die Pausen, die Freizeit oder die körperliche und seelische Verfassung des Fernstudenten. Diesen Aspekten ist weitaus mehr Berücksichtigung zu schenken. Wird in diesen Bereichen investiert, so profitiert der Fernstudent im späteren Verlauf durch erhöhte Motivation, da er aus einem größeren Pensum an Arbeitskraft schöpfen kann. Natürlich erledigt sich ein Studium nicht von selbst, d.h. auch hier muss hart und lang gearbeitet werden.

4

Jedoch ist es eine rein geistige Disziplin, wie man mit dieser Beanspruchung umgeht und sie verarbeitet. Es ist mindestens genauso wichtig, auf seine Seele, seinen Körper, seine sozialen Kontakte und auf seine Privatsphäre bzw. private Ruhezonen zu achten, wie engagiert und zielstrebig zu lernen und zu arbeiten. Das eine ist ohne das andere nicht möglich. Die Freizeit muss nötige Erholung für erfolgreiches Lernen bieten und erfolgreiches Lernen muss einem die Freizeit als Belohnung erscheinen lassen. Dies ist natürlich kein Zwang. Auch ohne vorheriges Lernen, soll sich der Fernstudent seine Ruhezeiten nehmen, wie er sie benötigt. Deutlich werden diese Kernbotschaften z.b. durch Ratschläge und Hinweise bezüglich der freien Pauseneinteilung, Freistellung der Präsenzphasennutzung und Fokussierung auf körperliche und geistige Ebenen.

3. Ziele dieser Präsentation

Entsprechend dieser Kernbotschaften, ist das Ziel meiner Präsentation, dem Studienanfänger zu vermitteln, dass ein Fernstudium weniger problematisch ist, als es einem zu Beginn erscheinen mag. Studienanfänger stehen oft vor einer Vielzahl an unbeantworteten Fragen und ihnen erscheint das Fernstudium als ein unbezwingbarer Berg. Dazu kommen Ängste, Lampenfieber und Nervosität. Meine Präsentation soll ihnen zeigen, dass eben nicht nur Kraft und Wille diesen Berg bezwingbar machen, sondern dass die Konzentration auf die eigenen Stärken, die eigenen Methoden, welche es rauszufinden gilt, und ein Arbeitstempo nach eigenem Geschmack ebenso wichtige Faktoren sind, um den „Gipfel" zu erreichen und diese Probleme zu beseitigen.

Dieses Ziel will ich dadurch erreichen, dass ich den Erstsemestern (bzw. den Kommilitonen) zunächst, mehr oder weniger aus eigener Darstellung, die Fragen und Sorgen, die ein Fernstudent hat, darstelle. Hier soll sich der Betrachter der Präsentation wiederfinden, seine Probleme erkennen und sich so für die weiteren Ausführungen öffnen und zugänglich machen. Ist dies erfolgt, so zeigen die Ratschläge und Hinweise zur Arbeit und zum Lernen innerhalb des Studiums entweder einen neuen Weg auf oder geben dem Studienanfänger wichtige Impulse für eigenes innovatives Studienverhalten.

Befindet sich ein Student bereits in einer, seiner Meinung nach festgefahrenen, Studiensituation, so soll ihm diese Präsentation Anreize zu geben, sein Lern- und Arbeitsverhalten zu überdenken. Besonders der abschließende Teil soll in solch einem Fall Wirkung erzielen und den betroffenen Studenten zum offenen Gespräch bewegen.

5

4. Richtlinien für erfolgreiche Präsentationen

Eine erfolgreiche Präsentation ist zunächst abhängig von der Kreativität des Präsentierenden. Die Kreativität beeinflusst die optische und inhaltliche Gestaltung einer Präsentation. Um Ansatzpunkte zu gewinnen, wird oft eine systematische Ideenfindung betrieben. Dazu gibt es verschiedene Methoden, beispielsweise das Brainstorming, Mind-Mapping, Delphi-Methode, Metaplan-Technik, Bionik, Inkubation, Synektik u.a.[1]

Im zweiten Schritt müssen die Inhalte für eine Präsentation entsprechend aufbereitet werden. Dabei geht es vor allem um die Strukturierung einer Präsentation in logische Gruppen und Ketten oder nach top-down oder bottom-up Verfahren. Hinzu kommt die sinnvolle Nutzung von Schaubildern und Grafiken, ein logischer Aufbau von Einleitung und Schluss sowie die zielgruppengerechte Aufbereitung unter Beachtung der geeigneten Präsentationsmedien.[2]

Der letzte Schritt für die Erstellung einer erfolgreichen Präsentation ist logischerweise die „Präsentation" an sich. Die ist meist der kritischste Punkt, da eine Präsentation verschiedene soziale und emotionale Fähigkeiten gleichzeitig fordert. Der Präsentierende muss (ohne Anspruch auf Vollständigkeit) Blickkontakt wahren, laut und deutlich sprechen, souverän wirken und dabei noch den Fortgang seiner Präsentation im Auge behalten oder auch Zwischenfragen beantworten.[3] Für gewöhnlich sollte eine Präsentation nach der formellen Verabschiedung jedoch nicht beendet sein. Der Präsentierende kann sich nur verbessern wenn er ein Feedback erhält und die Ziele der Präsentation mit dem tatsächlich erreichten abgeglichen werden.

5. Fazit

Betrachte ich nun abschließend die gewonnenen Erkenntnisse aus dieser Arbeit, so komme ich zu einem positiven Ergebnis. Die Erstellung einer Präsentation mit thematischem Bezug zur eigenen Arbeit und zur eigenen täglichen Situation bietet eine große Möglichkeit über sich und sein Studium nachzudenken.

---

[1] Vgl. Schick, D.: 2007, S. 19ff.
[2] Vgl. Schick, D.: 2007, S. 49ff.
[3] Vgl. Schick, D.: 2007, S. 77ff.

6

Aus dem Bereich des Selbstmanagement ist bekannt, dass Selbstreflexion zu persönlichem und beruflichem Erfolg bzw. zur Verbesserung führen kann. Jedoch denke ich, dass nur ein Bruchteil der Studentenschaft dies auch konsequent umsetzt und sich daher auch wenig mit der eigenen Person im Zusammenhang mit Studium und Beruf auseinandersetzt. Persönlich kann ich diese Arbeit mit dem Ergebnis abschließen, dass ich mein Lern- und Arbeitsverhalten nun benennen und konsequenter anwenden kann, da mir bewusst geworden ist, aus welchen Gründen ich bestimmte Arbeitsmethoden präferiere und andere ablehne. Ich gehe davon aus, dass sich dies in erfolgreicherem Lernen bei weniger körperlicher und geistiger Belastung niederschlagen wird. Da sich diese Arbeit, neben dem thematischen Bezug zum Fernstudium, auf die Gewinnung von Erkenntnissen zur Erstellung von Präsentationen stützt, kann auch hier nur vom Profit für den Studierenden gesprochen werden, da Präsentationen in der heutigen Berufswelt enorme Relevanz besitzen können und daher unbedingt zum Repertoire gehören sollten. Einzige Schwierigkeit bei der Erstellung dieser Arbeit lag meiner Ansicht nach in der Anforderung, den Erstsemestern Rat und Unterstützung auf „unterhaltsame Weise" zu geben. Der sprachliche Spagat zwischen Unterhaltsamkeit und Wissenschaftlichkeit erschien mir problematisch.

7

6. Literaturverzeichnis

Schick, Dirk.: Kreativitäts- und Präsentationstechniken. 2 Auflage. o. A.. Riedlingen 2007

Studieren neben dem Beruf

Erfolgreich studieren nach dem Riedlinger Modell

Von Thomas Lippke

Gliederung

1. Pro und Contra eines Fernstudiums
2. Anforderungen an einen Fernstudenten
3. Die „FAQ" des Fernstudiums
4. Der Lernalltag
5. Präsenzphasen
6. Klausuren – Die Erfolgsfaktoren
7. Methoden zur Bewältigung des Studiums
8. Methoden zur Stressbewältigung
9. Beeinträchtigungen des Studienverlaufs

1. Pro und Contra eines Fernstudiums

Die *Vorteile* eines Fernstudiums im Überblick:

- Freie Zeiteinteilung

- Freie Wahl bei der Reihenfolge des Lernstoffes

- Flexible Gestaltung der Klausurtermine

- Möglichkeit des Teilzeitstudiums

1. Pro und Contra eines Fernstudiums

Die *Nachteile* eines Fernstudiums im Überblick:

- Studiengebühr

- Kontakt zu Kommilitonen/Professoren eingeschränkt

- Einschränkung des Privatlebens

- Hohe Belastung neben dem Beruf

2. Anforderungen an einen Fernstudenten

Persönlichkeitsbezogene Erfolgsfaktoren:

▸ Klare Zielvorstellung

▸ Disziplin / Durchhaltevermögen / Ausdauer

▸ Energie / Kraft

▸ Lern- und Arbeitsbereitschaft

▸ Opferbereitschaft

2. Anforderungen an einen Fernstudenten

Erfolgsfaktoren aus dem persönlichen Umfeld:

▸ Studierzimmer

▸ Technische Ausstattung

▸ Unterstützung des Arbeitgebers

▸ Unterstützung der Familie / des Haushalts

3. Die „FAQ" des Fernstudiums

- Wie soll ich das alles in der Zeit schaffen?!
  - Wie sind die Klausuren gestaltet?!
    - Bin ich gut genug auf Klausuren vorbereitet?!
    - Was passiert wenn ich eine Klausur nicht bestehe?!
      - Wie hoch sind die Anforderungen?!
    - Fällt meinen Kommilitonen das alles viel leichter?!
      - Wie muss meine Hausarbeit aussehen?!
- Wer hilft mir bei Problemen mit dem Stoff / mit dem Studium?!
  - Halte ich das 6 Semester durch?!
    - Schmeiße ich hin und spare mir die Studiengebühr?!

<u>Machen Sie sich bewusst:</u>

Diese und andere Sorgen plagen jeden Fernstudenten und werden trotzdem Jahr für Jahr überwunden!

4. Der Lernalltag

- Zeitvorgaben (*z.B. „Jeden Tag 3 Stunden lernen.*") sind unrealistisch und daher überflüssig!

- Halten Sie sich an einen gröberen Lernplan

- Je nach Tagesform schaffen Sie mehr oder weniger Stoff

- Manchmal auch gar keinen – Legen Sie Pausen ein!

- Geistige und körperliche Erholung steht vor dem Lernerfolg und ermöglicht diesen erst!

4. Präsenzphasen

▸ Besuchen Sie *in jedem Fall* die ersten Präsenzen!

▸ Bestimmen Sie anschließend Ihren persönlichen Nutzen, den Sie aus diesen Präsenzen ziehen konnten

▸ Entscheiden Sie, ob Präsenzen für Sie sinnvoll sind oder ob Sie die investierte Zeit auf anderem Wege nutzen können!

5. Klausuren – Die Erfolgsfaktoren

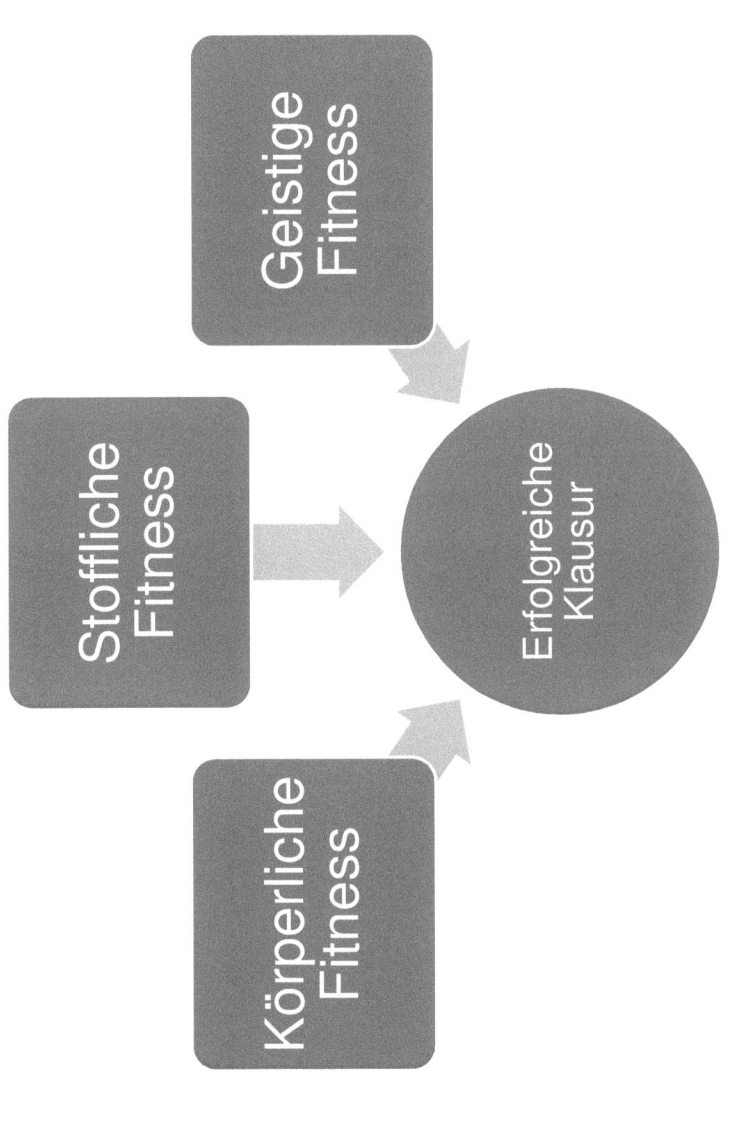

5. Klausuren – Erfolgsfaktoren

Körperliche Fitness:

▸ *Ausreichend Schlaf*

▸ *Gesunde Ernährung*

▸ *Bewegung / Sport*

▸ *Proviant für die Klausur*

5. Klausuren – Erfolgsfaktoren

Stoffliche Fitness:

- Langfristige, systematische Vorbereitung

- Vermeidung von „Crash-Kurs-Lernen"

- Besuch der Präsenzphasen

- Austausch mit Kommilitonen / Professoren

5. Klausuren – Erfolgsfaktoren

Geistige Fitness:

- Selbstbewusstsein
  - Betrachtung auf Stärken konzentrieren
    - Schwächen ausblenden
- Mit der eigenen Vorbereitung Zufrieden sein
  - Nicht am Lernen Anderer orientieren

Ziel: Prüfungsangst vermeiden!

6. Methoden zur Bewältigung des Studiums

- ▸ Schaffung von realistischen Tages-, Wochen- oder Monatszielen

- ▸ Erstellen Sie Tagesablaufpläne

- ▸ Lernen nach Seitenanzahl vermeiden!

- ▸ Schaffung eines adäquaten Lernumfeldes:
  - ▸ Beleuchtung, Komfort, Temperatur, Geräuschkulisse usw.

- ▸ Vertrauen Sie auf Ihr Können und Ihre Kreativität, z.B. bei der Erstellung von Hausarbeiten

6. Methoden zur Bewältigung des Studiums

Finden Sie eine, für Sie geeignete, Lern- und Arbeitsmethode!

Mindmaps, SQ3R, Rekapitulation, Simples Lesen oder Abtippen.......

▸ Versuchen Sie sich in verschiedenen Lerntechniken!

▸ Verharren Sie dabei nicht starr auf einer Methode!

▸ Dadurch vermeiden Sie mechanisches Verhalten und Frustration!

▸ Gehen Sie immer davon aus, dass Ihre Methode Sie gut vorbereiten wird!

7. Methoden zur Stressbewältigung

▸ Konsequente und bewusste Durchführung von Pausen!

▸ Bewusste Planung der Freizeit!

▸ Geben Sie sich die Möglichkeit, den Kopf wirklich frei zu bekommen!

▸ Nur geistiger Freiraum schafft Motivation und Kreativität!

▸ Lassen Sie sich unterstützen (z.B. im Haushalt)!

▸ Fordern Sie Verständnis für Ihre Situation!

▸ Lassen Sie in Routinechecks regelmäßig Ihre Gesundheit überprüfen!

▴

8. Beeinträchtigungen des Studienverlaufs

Verschiedene problematische Situationen können Ihren Studienverlauf beeinträchtigen:

▲ *Umzüge*

▲ *Beziehungsprobleme, Trennungen, Familienstreit*

▲ *Krankheiten, Todesfälle*

▲ *Schwangerschaften*

▲ *Überforderung, Stress, Demotivation, Depression*

8. Beeinträchtigungen des Studienverlaufs

Für alle schwierigen Situationen im Studium gilt:

- Suchen Sie nach Ansprechpartnern!

Ob in der Universität, in der Familie, bei Kommilitonen oder öffentlichen Einrichtungen.

- „Nur wer den Mund aufmacht, dem kann geholfen werden."

Wenden Sie sich an jemanden und schildern Ihr Problem. Es kann garantiert ein Lösungsweg gefunden werden!

Vielen Dank für Ihre Aufmerksamkeit

Thomas Lippke, 2010